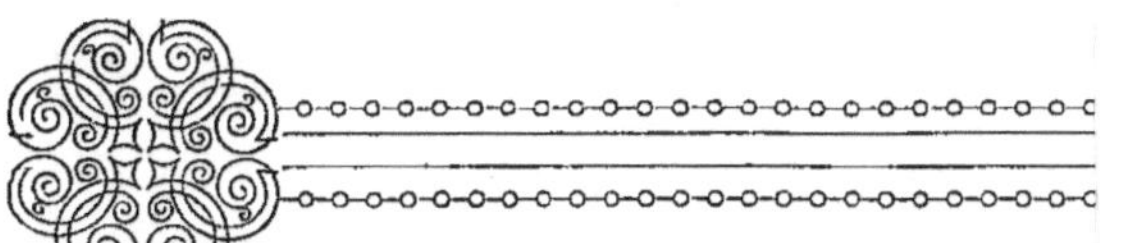

LE PÊCHEUR

A LA LIGNE,

PAR M. BARTHÉLEMY.

Trahit sua quemque voluptas.
(HORACE.)

PRIX : 50 CENTIMES.

PARIS.
CHEZ DUTERTRE, LIBRAIRE-ÉDITEUR,
PASSAGE BOURG-L'ABBÉ, 20,

1855.

LE PÊCHEUR

A LA LIGNE,

PAR M. BARTHÉLEMY.

Trahit sua quemque voluptas.
(HORACE.)

PRIX : 50 CENTIMES.

PARIS.
CHEZ DUTERTRE, LIBRAIRE-ÉDITEUR,
PASSAGE BOURG-L'ABBÉ, 20,

1855

LE PÊCHEUR A LA LIGNE.

Adieu! petits poissons que j'ai tant amorcés !
Adieu ! gros barbillons, par moi, tant engraissés !
Le ciel s'est obscurci du côté de Pontoise,
L'hiver approche, adieu ! je fuis les bords de l'Oise !
Oui, je fuis l'Isle-Adam, ce séjour enchanteur,
Où l'été, grâce à vous, je trouve le bonheur ;
Brêmes, gardons, goujons, et vous folles ablettes,
Réjouissez-vous tous, du fond de vos retraites ;
Vous ne me verrez plus, partant dès le matin ,
Vous attendre, au passage, une ligne à la main.
Circulez désormais, libres et sans alarmes,
Jusqu'au printemps prochain, je dépose les armes ;
Croissez, en attendant, et multipliez-vous ,
Vous comblerez ainsi mon espoir le plus doux.

Car, je dois l'avouer, la pêche est ma manie ;
A pêcher, nuit et jour, je passerais ma vie.

C'est une passion, ou plutôt un travers....
Qu'importe qu'on me fronde ?... Horace dit en vers :
« Chacun suit le penchant où son plaisir l'entraîne. »
Or, le mien, c'est la pêche... aussi, quoiqu'il advienne,
Qu'il pleuve, ou bien qu'il vente, on est sûr, en tout temps,
De me voir absorbé dans ce doux passe-temps.
Pour m'y livrer, il n'est nul obstacle invincible,
Je tenterais, je crois, l'absurde et l'impossible.
Que la Seine, en effet, vienne à se dessécher,
Dans la rivière absente on me verra pêcher...
Bien plus! si l'univers, dans une nuit profonde,
S'abîmait tout à coup... sur les débris du monde,
On me retrouverait, debout, l'œil aux aguets,
Tranquillement en train de tendre mes filets.

Mais puisque la saison loin de ces lieux m'exile,
Puisque un repos forcé rend ma ligne inutile,
Que faire dans Paris, où je suis consigné ?
Prendre, hélas ! patience, en pêcheur résigné ;
Et, pour tromper l'ennui, m'adresser à moi-même
Quelques vers inédits, sous forme de poëme.

Je sais bien quel sujet ma muse ira chercher ;
C'est la pêche... en parler, c'est presque encor pêcher...

A ce mot là, je sens que je deviens poëte !
Le feu sacré me gagne... embouchons la trompette !

Non pas celle qu'on prend pour chanter les héros,
La gloire, les combats, et la guerre et ses maux ;
Ni celle dont se sert une voix inspirée,
Pour vanter le bonheur des dieux dans l'Empyrée.
Pourquoi monter ma lyre à ce haut diapazon ?
Ici de tels accents seraient hors de saison.
Je me borne à chanter, en style un peu moins digne,
Les plaisirs innocents du pêcheur à la ligne.

Cet être qu'on se plaît sans cesse à plaisanter,
Moi je veux, dans mes vers, le réhabiliter !
Assez longtemps il fut en butte à la satire ;
De nos jours même encore, aux sots il prête à rire ;
Il ne peut faire un pas, sans que, sur son chemin,
Un passant lui décoche un petit trait malin.
Où court-il donc, armé de cette immense gaule,
Dit un mauvais plaisant, qui croit paraître drôle ?
C'est une canne à pêche, admirez les deux bouts !
Qu'y voyez-vous ? — Moi, rien. — Vraiment ? — Parole, et vous ?..
— Ah ! ça, mon cher voisin, vous avez la berlue !
Rien de particulier ne frappe votre vue ?
Eh bien ! moi j'aperçois, après ce long bâton,
D'un bout un imbécile, et de l'autre un poisson...
Voilà les traits d'esprit, les bons mots qu'on débite ;
La grossièreté seule en fait tout le mérite.

O vous tous qui, voulant varier vos plaisirs,

Dans la pèche, cherchez à charmer vos loisirs.
N'allez pas, sur le bruit de tout ce qu'on raconte,
Vous laisser rebuter, par une fausse honte,
Ni dans l'eau, par dépit, jeter vos hameçons !
Écoutez-moi plutôt, et suivez mes leçons.

Ce n'est pas que je sois un maitre fort habile,
Mais, dans l'occasion, je puis vous être utile,
Je puis guider vos pas, et vous initier
Aux préceptes connus, aux règles du métier;
Car la pêche aujourd'hui n'est plus, comme on le pense,
Un simple amusement, c'est presque une science...
Tel se croit bien instruit, qui n'est qu'un ignorant !

L'Isle-Adam, en cet art, compte plus d'un savant
Dont on vante partout l'adresse surprenante.
L'un passe pour célèbre à la ligne flottante ;
L'autre, non moins fameux, mais esprit plus profond,
Brille à lancer au loin une ligne de fond ;
Assis dans un bateau qui fuit à la dérive,
Celui-ci plus agile, en côtoyant la rive,
A la pèche *à la mouche* est resté sans rival ;
Cet autre, *à la pelote*, est aussi sans égal.
J'en passe, et des meilleurs... Sur eux prenez exemple,
Si vous voulez qu'un jour la foule vous contemple ;
Tâchez de découvrir leurs ruses, leurs secrets,
Et vous pourrez, comme eux, obtenir des succès.

Mais avant tout, il faut faire un apprentissage,
S'armer de patience, ainsi que de courage,
Braver le vent, la pluie, et le chaud et le froid.

N'imitez point surtout ce pêcheur maladroit,
Qui, tout gonflé d'orgueil, quoique novice encore,
Seul prétend se soustraire aux règles qu'il ignore ;
Il se fie au hasard, pensant que le poisson
De lui-même viendra mordre à son hameçon ;
Vain espoir !... il a beau changer vingt fois de place,
Consulter son bouchon qui flotte à la surface ;
Rien ne bouge... il se croit alors ensorcelé,
Et se retire enfin de tristesse accablé ;
Heureux quand il a pu vers le soir, avec peine,
Attraper un goujon égaré dans la Seine !

Evitez, croyez-moi, ce désappointement,
Et commencez toujours par le commencement.

Ayez, près de la rive, une place attitrée,
A l'ombre, loin du bruit, des autres ignorée,
Où ne passe jamais ni barque, ni bateau,
Où le poisson remonte, en se jouant dans l'eau.
Un rien peut l'effrayer ; aussi fuyez, d'avance ,
Des promeneurs oisifs la funeste présence ;
Ces bavards importuns, par mille questions,
Viennent vous imposer leurs conversations :

Espèce de fâcheux, oubliés par Molière,
Ils font le désespoir des pêcheurs de rivière.
Du plus loin qu'il vous voit, l'un s'informe d'abord,
Si vous êtes heureux, et si le goujon mord...
A nouer connaissance avec vous il s'applique,
Il vous parle de tout, même de politique,
Épuise vingt sujets, tout en les variant,
Puis finit par narrer la guerre d'Orient...
Vous êtes au supplice, et vous quittez la place ;
Mais un autre fâcheux vous suit et le remplace ;
Ce dernier, plus discret, passe, en ne disant rien ;
Par malheur, près de vous, il fait baigner son chien,
Qui court, qui va, qui vient, saute, aboie et barbote,
Juste à l'endroit propice, ou votre ligne flotte...

Cherchez, je le répète, un lieu sûr, écarté,
Où vous puissiez pêcher en toute liberté !

Une fois installés, quelqu'ardeur qui vous presse,
Prenez bien votre temps... rappelez-vous sans cesse,
Que vous devez d'abord, avant de commencer,
Sonder votre terrain, puis ensuite amorcer.
Deux point forts importants dans la pisciculture !
Le poisson est un peu gourmand, de sa nature....
Sâchez donc lui choisir une amorce à son goût,
Préparée avec soin, où dominent surtout
Le son, le chenevis, mélangés à des mottes

De terre ou bien de glaise, en forme de pelotes.
Dans les moindres détails montrez-vous connaisseurs !
Etudiez aussi sa nature, ses mœurs,
Ainsi que ses penchants, et son genre de vie,
Consultez son instinct qui jamais ne varie,
Informez-vous enfin des endroits favoris
Qui le cachent aux yeux, et lui servent d'abris.

La carpe qui se plaît dans une onde tranquille,
Au fond de nos étangs, élit son domicile ;
La tanche, sa compagne, auprès d'elle se tient ;
La douce solitude à toutes deux convient.
Le barbillon plus vif, plus libre en son allure,
Préfère les galets, aime l'eau qui murmure,
Brave le bruit que fait la cascade en tombant,
Saute, plonge, et, joyeux, remonte le courant.
La brême et le gardon, dans leur humeur sauvage,
Habitant les roseaux qui bordent le rivage,
Se dérobent, pour fuir le regard du pêcheur,
Sous l'herbe, dont leur corps emprunte la couleur ;
Non moins fin, et guidé par un instinct semblable,
Le goujon se promène, en glissant sur le sable ;
Son écaille jaunâtre, apparaissant au fond,
Avec le sol doré se mêle et se confond.
La perche qui le suit, parfois, avec mystère,
Se hasarde, en ces lieux, pour lui livrer la guerre ;
Il arrive qu'on peut, sur le même fond d'eau,

Surprendre la victime, ainsi que le bourreau...
Quant à l'ablette enfin, espèce voyageuse,
Sans crainte, elle poursuit sa course aventureuse;
On la voit circuler, par nombreux bataillons,
Auprès des abreuvoirs, traçant de noirs sillons.
Mais, par respect pour vous, méprisez sa conquête;
De poissons si communs nul ne se met en quête;
On les décore envain du faux nom d'éperlans!...
Pour de plus nobles coups, réservez vos talents.

Le jour vient, en effet, où le long du rivage,
Grâce à moi, vous pourrez en faire un digne usage;
Où, près d'adroits rivaux, étant bientôt admis,
Vous saurez profiter de mes sages avis.
Ce jour si désiré, c'est le jour d'ouverture!...
Le premier juin, d'accord avec la préfecture,
L'annonce aux amateurs de l'arrondissement;
Un gai murmure accueille un tel événement...
Tout s'agite aussitôt.., et les lignes sont prêtes.
Chez l'épicier voisin, chacun fait ses emplettes
De sondes, d'hameçons, d'appats et de filets,
Engins que d'ordinaire il faut avoir complets.

Quelques-uns, cependant, tant la pêche a de charmes!...
En dépit de la loi, du Préfet, des gendarmes,
Dans la saison du frai, ne se contenant plus,
Se risquent à goûter des plaisir défendus.

Braconniers de rivière, à force d'artifice,
Ils espèrent tromper les yeux de la police;
Mais hélas! un beau jour, ces maraudeurs surpris,
Maudissent les goujons que, par fraude, ils ont pris ..
Un garde qui survient, paré de ses insignes,
Confisque, d'un seul coup, leur capture et leurs lignes;
Puis rédigeant sa plainte, en fort mauvais français,
Leur intente, en plein air, à l'instant un procès.
J'en parle savamment, et par expérience....
On se repent souvent de trop d'impatience!
Gardez-vous d'éprouver pareille émotion,
Et résistez toujours à la tentation.

Attendez le signal.... Votre permis en poche,
Libres de tous soucis, sans craindre aucun reproche,
Vous partez, vous courez, d'un pas leste, empressé,
Vers l'endroit, par vos soins, dès la veille amorcé.
Chacun suit votre exemple, et la pêche commence.

Tout à coup, cent rivaux, vous faisant concurrence,
Viennent, de toutes parts, s'établir près de vous,
Et guetter les poisons réservés à vos coups.
N'en soyez pas choqués; cette lutte, au contraire,
Tout en vous excitant, vous invite à mieux faire,
Entretient votre zèle, et l'émulation
Qui donne du prix seule à la profession.
Le vrai pêcheur n'a point de basse jalousie,

Il est bon, indulgent, rempli de courtoisie;
Vous le trouvez toujours prêt à vous obliger,
A vous secourir même, au moment du danger,
Qu'un barbillon fougueux, surpris à l'improviste,
Dans un suprême effort, se débatte et résiste,
Il sera le premier, voyant votre embarras,
A venir vous prêter le secours de son bras.
Et bientôt l'animal, qu'il fatigue et qu'il noie,
Est recueilli par vous, avec des cris de joie!
De même on peut aussi, quand on est démonté,
Implorer quelquefois sa générosité.
Manquez-vous d'hameçons, de lignes, ou de sonde?...
Prenez sa trousse; elle est ouverte à tout le monde.
Bref! pour finir ici son éloge, en deux mots,
Il vous offrira tout, jusqu'à ses asticots...

Mon avis est qu'il faut qu'on s'aide, on se soutienne!
Ne laissez donc jamais votre voisin en peine,
De ces bons procédés l'échange mutuel,
Doit former, entre vous, un lien fraternel.
Mais ce n'est point ainsi qu'agissent les mazettes!
Envieux et chagrins, tous ces preneurs d'ablettes,
Se plaignent constamment du sort malencontreux,
Et ne peuvent souffrir les gens plus adroits qu'eux:
De ces originaux c'est le moment peut-être
De tracer le portrait, pour les faire connaitre,
De peindre, en traits plaisants, leurs tribulations,

Leur fausse joie, ainsi que leurs émotions.

Flanqué de sa moitié, de son fils, de sa fille,
Suivi du petit chien, l'orgueil de la famille,
L'un envahit la berge, où s'installant soudain,
Il met à sa tribu les armes à la main.
Il faut le voir alors, et le juger à l'œuvre !
C'est lui qui, comme chef, commande la manœuvre;
D'un pêcheur, passé maître, il se donne les airs !
A peine s'il connaît l'art d'enfiler les vers ;
Nul ne fait plus que lui preuve de maladresse :
Son bouchon qu'il retire, et qu'il plonge sans cesse,
Chasse au loin le poisson qui fuit épouvanté ;
Tantôt par un obstacle, il se trouve arrêté,
Tantôt à ses habits son hameçon s'accroche ;
Bref ! il survient pour lui toujours quelqu'anicroche...
N'importe, il court, il va, voyant qu'il ne prend rien,
De sa femme à son fils, de sa fille à son chien...
Lequel presqu'affâmé, pour réparer ses forces,
Profite de la pêche, en mangeant les amorces...
Est-on plus inhabile ? est-on plus malheureux ?

Cet autre, n'est hélas ! pas beaucoup plus chanceux.
Lui, c'est aux gros poissons qu'il déclare la guerre,
Et la ligne de fond est son arme ordinaire.
Il fait très-peu de cas des vers, des asticots :
La pêche qu'il préfère, est la pêche aux grelots.

Obèse et paressseux, étendu sur la rive,
Entouré de ses jeux, toujours sur le qui vive,
Il écoute... Attentif au moindre carillon
Que fait, en s'enferrant, l'imprudent barbillon.
Il reste ainsi parfois une journée entière
Attendant sa victime au bord de la rivière.
Souvent il se dépite, et, maudissant le sort,
Pour se désennuyer prend un livre, et s'endort.
Mais, pendant son sommeil, un des grelots résonne ;
Ce bruit inusité le réveille et l'étonne...
Il se lève aussitôt... Alerte, en un seul bond,
Il s'élance, il accourt vers sa ligne de fond.
A son extrémité quelque chose s'agite ;
O bonheur ! il s'empresse à la saisir bien vite ;
Il sent un objet lourd qui résiste à sa main ;
C'est au moins, pense-t-il, quelque monstre marin...
Longtemps il le fatigue et le tient en haleine,
Puis, sa *puisette* en main, vers la berge il l'amène...
A son grand désespoir... car, au lieu d'un barbeau,
C'est un vieux pot cassé qu'il retire de l'eau...

Aussi, sans s'exposer à semblable aventure,
Sans se mettre, non plus, l'esprit à la torture,
Celui-ci, bien moins sot, à défaut de talent,
A, pour tromper la chance, un moyen excellent.
Qu'importe que la place ou soit bonne ou mauvaise,
Il n'en est pas pour ça, plus chagrin, ni plus aise ;

Quoiqu'il arrive, il sait s'arranger de façon
A ne jamais rentrer *bredouille* à la maison ;
Il a donc, direz-vous, quelqu'amorce secrète?..;
Mon Dieu, non ! et chacun peut suivre sa recette.
Lorsqu'il a fait *chou-blanc*, il remplit son filet,
Chaque soir, chez *l'Artiste* ou bien chez *Jolivet*,
Deux pourvoyeurs connus, dont l'heureuse *boutique*,
Dispense ainsi la gloire à plus d'une pratique...

Je n'en finirais pas, je crois, si je voulais
Esquisser des pêcheurs tous les divers portraits...
Je m'arrête... Aussi bien déjà l'ennui vous gagne;
Mon esprit trop longtemps a battu la campagne ;
Et peut-être mes vers vous ont paru mauvais...
Je n'ai jamais rêvé pour pour eux un grand succès ;
Pourtant, en leur faveur, j'implore la critique !
Le Démon de la pêche est mon excuse unique,
C'est lui qui m'a poussé, m'obsédant en tous lieux,
A vous parler ici le langage des Dieux...
Ainsi donc ne voyez en moi, je le répète,
Qu'un pêcheur, comme vous, et non pas un Poète !

FIN.

IMPRIMERIE DE PHILIPPE CORDIER, RUE DU PONCEAU, 24.

www.ingramcontent.com/pod-product-compliance
Lightning Source LLC
LaVergne TN
LVHW020637110826
845149LV00004B/1242

* 9 7 8 2 0 1 9 1 9 3 3 2 4 *